하루 10분
영어 필사
인생의 한 줄

인생에 꼭 한 번 만나야 할 영어 명문 100

하루 10분
영어 필사

인생의 한 줄

조이스 박 지음

로그인

나탈리 골드버그Natalie Goldberg는, 손글씨는 마음의 움직임과 더 관련이 깊다고 말했습니다. 컴퓨터 자판을 두드려 쓰는 글 역시 쓰는 이의 마음을 따라 나오겠지만 손으로 글을 쓸 때 그 글이 마음의 결을 더 잘 따라간다는 의미겠지요. 이러한 손글씨로 내 마음에서 흘러나오는 글이 아닌 다른 사람의 말을 쓴다면 그 말을 한 사람 또는 그 글을 쓴 사람의 마음을 헤아리기가 더 쉽지 않을까요? 말과 글을 듣고 읽으며 우리는 그 말을 한 사람, 그리고 그 글을 쓴 사람의 마음에 부단히 닿고자 노력하니까요. 그리하여 그 말과 글이 마음속에 꼭 새겨져 힘을 발휘하기를 기원하니까요.

이 책 《하루 10분 영어 필사 인생의 한 줄》은 제 전작 《하루 10분 명문 낭독 영어 스피킹 100》의 필사 버전입니다. 2016년 봄에 초판이 나오고,

2020년 봄에 개정판이 나온 이 책에는 어제를 의미 있게 살다 간, 그리고 순간순간 진심을 다해 오늘을 살고 있는 영미권 인사들의 좋은 말 100개가 수록되어 있습니다. 그 말을 한 사람들의 삶과 행동에 자신을 비추어보고자 하는 분들, 동시에 영어 공부를 하고자 하는 독자분들의 꾸준한 사랑을 받은 이 책을 글로도 함께했으면 하는 마음으로 필사본을 마련했습니다.

하지만《하루 10분 명문 낭독 영어 스피킹 100》에 담긴 100개의 명언과 꼭 같지는 않습니다. 6년 가까운 시간 동안 보석 같은 말들이 여러 사람들의 입에서 나온 만큼 많은 부분을 새로운 문장으로 바꿨습니다.

남들이 한 말을 가만히 읽다 보면 '이런 말은 누구라도 하겠다', '나도 하겠다'라는 생각이 들 때가 많습니다. 하지만 어떤 말이 힘을 얻으려면, 그리고 그 말이 퍼져 나가려면 그 사람이 그 말을 할 수 있는 목소리 지분을 자신의 삶으로 일궈야 합니다.

"삶에서 사랑할 사람을 찾으면 놓치지 말고 꼭 붙들고 돌보고 가꾸세요. 그리고 운이 좋아서 당신을 사랑하는 사람을 찾게 된다면 그 사랑을 지키세요.
(If you find someone you love in life, you must hang onto it, and look after it, and if you were lucky enough to find someone who loved you, then you must protect it.)"

다이애나 황태자비의 이 말이 가슴에 와 닿는 이유도 그녀가 어떤 삶을 살아냈는지 알기 때문일 것입니다. 영어로 '운이 좋아서 당신을 사랑하는 사람을 찾게 된다면' 이 부분이 조건문이 아니라 가정법이라는 것을 번역문에는 담기 힘들지만 우리는 저 부분을 가정법으로 말하는 심정도 알 수 있으니까요. 그러면서 우리는 '저는 다이애나 당신이 한 말을 조건문으로 말할 수 있게 살아볼게요'라고 다짐하기도 하지요.

삶에서 진심으로 우러나 한 말들을 적는 과정에서 그 문장들과 진실로 이어지기를 바라는 마음으로, 그 수단이 손글씨가 되길 바라는 마음으로, 이 책을 썼습니다. 사각사각 문장을 필사하며 헝클어져 있던 마음과 생각이 정돈되기를, 그렇게 문장을 다 옮겨 적었을 때 마음속 혼돈의 숲에서 빠져나올 수 있기를 바랍니다. 아울러 제가 정성을 기울여 선정한 100개의 문장이 당신의 삶과 기억 속에 오래오래 남기를 또한 기원합니다.

2022년 새해
당신의 기쁨s, 조이스

Chapter 1

Chapter 2

Chapter 3

Chapter 4

Chapter 5

Chapter 1

· DAY ·

01

우리는 모두 사랑하기를 원한다

We all want to be in love.

_윌 스미스(Will Smith, 1968~　)
할리우드를 상징하는 배우 중 한 명이자 가수로 〈나는 전설이다〉 등에 출연

────────────

We all want to be in love and find that person who is
going to love us no matter how our feet smell,
no matter how angry we get one day,
no matter the things we say that we don't mean.

우리는 모두 사랑하기를 원한다.
그리고 우리 발에서 아무리 냄새가 나도, 어느 날 우리가 아무리 화를 내도,
마음에 없는 말을 아무리 해도 우리를 사랑해줄 그런 사람을 찾기를 원한다.

·DAY·

02

나는 할 수 있다,
나는 할 것이다,
나는 그러하다

I can, I will, and I am.

_데니스 웨이틀리(Denis Waitley, 1933~   )
세계적인 경영컨설턴트이자 리더십 트레이너

The winners in life think constantly in terms of I can,
I will, and I am. Losers, on the other hand,
concentrate their waking thoughts on what they
should have or would have done, or what they can't do.

인생의 승자들은 계속해서
'나는 할 수 있다', '나는 할 것이다' 그리고 '나는 그러하다' 라는 관점에서 생각한다.
반면에 패배자들은 했어야 했는데 못한 일들, 할 수도 있었던 일들,
또는 할 수 없는 일들에 관심을 쏟는다.

사랑받는다는 것을 알면서
이 세상에 온다면

If you enter this world
knowing you are loved

_마이클 잭슨(Michael Jackson, 1958~2009)
팝의 황제로 불리는 미국 가수

If you enter this world knowing you are loved
and you leave this world knowing the same,
then everything that happens in between can be dealt with.

사랑받는다는 것을 알면서 이 세상에 온다면, 그리고 그렇게 알면서 이 세상을 떠난다면,
그렇다면 그 사이에서 일어나는 모든 일을 감당할 수 있다.

자신이 말하는 바를 믿는다면

If you believe in what you're saying

_세스 골드만(Seth Goldman, 1965~)
공정무역 음료 회사 '어니스트 티'와 식물성 육류 생산업체 '비욘드 미트'의 회장

If you believe in what you're saying, if you believe in what you're doing, you'll be more effective, more passionate and more authentic in everything you do.

자신이 말하는 바를 믿는다면, 자신이 행하는 바를 믿는다면,
당신이 하는 모든 일에서 보다 효율적이고, 보다 열정적이며, 보다 진정성을 갖추게 될 것이다.

· DAY ·

05

최악일 때의 나를 감당할 수 없다면
당신은 최상일 때의 나를 누릴 자격이 없다

If you can't handle me at my worst,
you don't deserve me at my best.

_마릴린 먼로(Marilyn Monroe, 1926~1962)
20세기 대중문화를 대표하는 미국의 배우이자 가수, 모델

I'm selfish, impatient and a little insecure. I make
mistakes, I am out of control and at times hard to
handle. But if you can't handle me at my worst,
then you sure as hell don't deserve me at my best.

나는 이기적이고 참을성이 없고 좀 불안정하다.
실수도 저지르고 통제 불능에 때로는 다루기 어렵다. 그러나 최악일 때의 나를 감당할 수 없다면,
그렇다면 분명한 것은 당신은 최상일 때의 나를 누릴 자격이 없다.

· DAY ·

06

오직 사랑

Only love

_조니 뎁(Johnny Depp, 1963~   )
〈찰리와 초콜릿 공장〉〈캐리비안의 해적〉의 주인공인 미국의 배우 겸 영화제작자

There are four questions of value in life.
What is sacred?
Of what is the spirit made? What is worth living for,
and what is worth dying for?
The answer to each is the same. Only love.

인생에 가치 있는 질문 네 가지가 있다. 성스러운 것은 무엇인가?
영혼은 무엇으로 이루어져 있는가? 무엇을 위해 살 가치가 있으며
무엇을 위해 죽을 가치가 있는가? 각 질문에 대한 답은 동일하다. 오직 사랑이다.

아픔이 없다면
괴로움도 없을 것이다

Without pain,
there would be no suffering.

_안젤리나 졸리(Angelina Jolie, 1975~   )
미국을 대표하는 영화배우이자 인도주의 활동에 적극적인 자선가

Without pain, there would be no suffering. Without
suffering we would never learn from our mistakes.
To make it right, pain and suffering is the key to all
windows. Without it, there is no way of life.

아픔이 없다면 괴로움도 없을 것이다. 괴로움이 없다면
우리는 실수에서 아무것도 배우지 못할 것이다. 실수를 제대로 바로잡으려면
아픔과 괴로움이 모든 창문의 열쇠가 된다. 아픔과 괴로움이 없다면 인생의 길은 있을 수 없다.

✦

무언가를 하라.
주먹을 불끈 쥐라

Do stuff, be clenched.

_수전 손택(Susan Sontag, 1933~2004)
20세기 후반 미국을 대표하는 작가, 사회문제에 적극적으로 참여한 행동하는 지식인

———————————

Do stuff, be clenched, curious, not waiting for
inspiration's shove or society's kiss on your forehead.
Pay attention. It's all about paying attention.
Attention is vitality. It connects you with others.
It makes you eager. Stay eager.

무언가를 하라. 주먹을 불끈 쥐고, 궁금해하라. 영감이 밀려오기를 기다리거나
사회가 이마에 키스해주기를 기다리지 말고. 집중하라. 이것은 모두 집중에 관한 것이다.
집중은 생명력이다. 그것이 당신을 다른 이들과 연결해주고
당신을 간절하게 만들어준다. 계속 간절하라.

용감하다는 것은 어떤 대가도 기대하지 않고
무조건적으로 사랑하는 것이다

To be brave
is to love someone unconditionally,
without expecting anything in return.

_마돈나(Madonna, 1958~)
대중음악 역사상 가장 큰 성공을 거둔 팝의 여왕

To be brave is to love someone unconditionally,
without expecting anything in return. To just give.
That takes courage because we don't want to fall on our
faces or leave ourselves open to hurt.

용감하다는 것은 어떤 대가도 기대하지 않고 무조건적으로 사랑하는 것이다. 그냥 주는 것이다.
그렇게 하려면 용기가 필요하다. 왜냐하면 우리는 누구도 얼굴을 박고 쓰러지거나,
상처받도록 자신을 드러내놓길 원치 않기 때문이다.

·DAY·
10

탐험하라. 꿈꾸라. 발견하라

Explore.
Dream.
Discover.

_H. 잭슨 브라운(H. Jackson Brown, 1940~   )
베스트셀러 《PS. I Love You》를 쓴 미국의 작가

Twenty years from now you will be more disappointed
by the things that you didn't do than by the ones you
did do. So throw off the bowlines. Sail away from
the safe harbor. Catch the trade winds in your sails.
Explore. Dream. Discover.

지금부터 20년 후 당신은 한 일들보다 하지 않은 일들 때문에 더 실망하게 될 것이다.
그러니 배를 묶은 줄을 풀어 던져라. 안전한 항구를 떠나 항해하라. 돛에 무역풍을 담아라.
탐험하라. 꿈꾸라. 발견하라.

· DAY ·

11

사랑은 불붙은 우정이다

Love is friendship
that has caught fire.

_앤 랜더스(Ann Landers, 1918~2002)
40여 년간 필명으로 인생 상담을 해온 미국의 칼럼리스트

Love is friendship that has caught fire. It is quiet
understanding, mutual confidence, sharing and forgiving.
It is loyalty through good and bad times.
It settles for less than perfection and makes allowances
for human weaknesses.

사랑은 불붙은 우정이다. 사랑은 고요한 이해이고, 서로 간의 믿음이며,
나누고 용서하는 것이다. 사랑은 좋은 시절과 나쁜 시절을 거쳐온 충성심이다.
사랑은 완벽하지 않아도 만족하며, 인간의 약점을 용납한다.

스포츠 팀은 훌륭한 한 끼 식사와 같다

A squad is like a
good meal.

_브렌던 로저스(Brendan Rodgers, 1973~   )
북아일랜드의 전 축구선수, 현 레스터 시티 축구팀의 감독

I always say a squad is like a good meal.
I'm not a great cook, but a good meal takes a wee
bit of time. But also, to offer a good meal,
you need good ingredients.

나는 늘 스포츠 팀은 훌륭한 한 끼의 식사와 같다고 말한다.
나는 뛰어난 요리사는 아니지만 훌륭한 식사에는 약간의 시간이 필요하다.
그러나 또한 훌륭한 식사를 제공하려면 훌륭한 재료도 필요하다.

패션은 하늘에도 있고,
거리에도 있다

Fashion is in the sky,
in the street.

_코코 샤넬(Coco Chanel, 1883~1971)
샤넬을 설립한 프랑스의 패션 디자이너이자 사업가

Fashion is not something that exists in dresses only.
Fashion is in the sky, in the street. Fashion has to do
with ideas, the way we live, what is happening.

패션은 옷에만 존재하는 것이 아니다. 패션은 하늘에도 있고, 거리에도 있다.
패션은 생각들, 우리가 사는 방식, 현재 일어나고 있는 일과 관계가 있다.

어디서 왔는지를 모르면
어디로 가는지도 모른다

If you don't know where you've come from, you don't know where you're going.

_마야 안젤루(Maya Angelou, 1928~2014)
흑인 인권운동에 앞장선 미국의 작가이자 배우

I have great respect for the past. If you don't know where you've come from, you don't know where you're going. I have respect for the past, but I'm a person of the moment. I'm here, and I do my best to be completely centered at the place I'm at, then I go forward to the next place.

나는 과거를 매우 존중한다. 어디서 왔는지를 모르면 어디로 가는지도 모른다. 나는 과거를 존중하지만 지금 이 순간의 사람이다. 나는 여기에 있고, 지금 내가 있는 곳에 온전히 집중하기 위해 최선을 다한다. 그런 다음에 나는 다음 장소를 향해 나아간다.

DAY
15

늘 목표를 높이 잡고,
열심히 노력하라

Always aim high,
work hard.

_힐러리 클린턴(Hillary Clinton, 1947~　)
미국의 정치인, 제42대 미국 대통령의 영부인이자 전 국무부장관

Always aim high, work hard, and care deeply about
what you believe in. And, when you stumble,
keep faith. And, when you're knocked down, get right
back up and never listen to anyone
who says you can't or shouldn't go on.

늘 목표를 높이 잡고, 열심히 노력하라. 그리고 믿는 바에 깊은 정성을 기울여라.
발을 헛디디더라도 신념을 지켜라. 맞아 쓰러질지라도 바로 다시 일어나라.
그리고 당신이 계속할 수 없다고 혹은 계속해서는 안 된다고 하는 이의 말에
절대 귀를 기울이지 마라.

16

진실은,
거기에서 삶이 살아지고 있다

The truth is,
life is being lived there.

_제 프랭크(Ze Frank, 1972~　)
미국의 온라인 공연예술가, 대중연설가

On street corners everywhere, people are looking at
their cell phones, and it's easy to dismiss this as some
sort of bad trend in human culture.
But the truth is, life is being lived there.

어느 길모퉁이를 가든 사람들이 휴대폰을 보고 있고,
이것을 인류 문화에 있어서 일종의 나쁜 경향이라고 치부하기 쉽다.
그러나 진실은, 거기에서 삶이 살아지고 있다는 것이다.

실패 없이 산다는 것은 불가능하다

It is impossible to live without failing.

_조앤 롤링(Joanne Rowling, 1965~   )
〈해리 포터〉 시리즈를 쓴 영국의 베스트셀러 작가

─────────────

It is impossible to live without failing at something,
unless you live so cautiously that you might as well
not have lived at all - in which case,
you fail by default.

어떤 일에서든 실패 없이 산다는 것은 불가능하다.
너무도 조심스럽게 살다 못해 아예 살아보지 않는 편이 더 나은 게 아니라면 말이다.
그런데 그런 경우라면 애당초 실패한 것이다.

·DAY·
18

기술은 우리 모두가
긍정적인 변화를 일으키는 데 도움이 될 수 있다

Technology can help us
all make a positive difference.

_제인 구달(Jane Goodall, 1934~　)

침팬지 행동 연구 분야의 세계 최고 권위자로 꼽히는 영국의 동물학자이자 환경운동가

You cannot get through a single day
without having an impact on the world around you.
What you do makes a difference.
Technology can help us all make a positive difference.

당신은 주변 세계에 영향을 끼치지 않고서는 단 하루도 보낼 수 없다.
당신이 무언가를 하면 그것이 변화를 가져온다.
기술은 우리 모두가 긍정적인 변화를 일으키는 데 도움이 될 수 있다.

그 순간들을 끝까지 밀어붙여 통과하면
바로 그때 돌파구가 생긴다

You push through those moments, that's when you have a breakthrough.

_마리사 메이어(Marissa Mayer, 1975~   )
야후의 최고경영자를 역임한 미국의 사업가

I always did something I was a little not ready to do.
I think that's how you grow. When there's that
moment of 'Wow, I'm not really sure I can do this,'
and you push through those moments, that's when you
have a breakthrough.

나는 늘 준비가 조금 안 된 상태로 무언가를 했다. 나는 그게 성장하는 방식이라고 생각한다.
'와, 이 일을 할 수 있을지 잘 모르겠어' 하는 때가 있으면,
그 순간들을 끝까지 밀어붙여 통과하라. 그러면 바로 그때 돌파구가 생긴다.

어른의 삶은 답이 없는 어마어마한 양의
질문들을 감당하는 것이다

Adult life is dealing with an enormous amount of questions that don't have answers.

_브루스 스프링스틴(Bruce Springsteen, 1949~)
'가장 미국적인 로커'로 평가받고 있는 미국의 싱어송라이터

Adult life is dealing with an enormous amount of
questions that don't have answers. So I let the
mystery settle into my music. I don't deny anything,
I don't advocate anything, I just live with it.

어른의 삶은 답이 없는 어마어마한 양의 질문들을 감당하는 것이다.
그래서 난 그 신비가 내 음악 속에 자리 잡도록 한다. 난 어떤 것도 부인하지 않는다.
난 어떤 것도 옹호하지 않는다. 난 그냥 그것과 더불어 살 뿐이다.

Chapter 2

21

마음을 지키고
존엄성을 보호한다는 것은⋯

Guarding your heart and
protecting your dignity are⋯

_테일러 스위프트(Taylor Swift, 1989~   )
21세기 대중음악계의 대표 아티스트로 꼽히는 미국의 싱어송라이터

Guarding your heart and protecting your dignity
are a little bit more important than clarifying the
emotions of someone who's only texting you back
three words.
I've learned that from trying to figure out people
who don't deserve to be figured out.

마음을 지키고 존엄성을 보호한다는 것은
고작 세 단어로 답문자를 해주는 사람의 감정을 분명히 아는 것보다 조금 더 중요하다.
나는 헤아려줄 가치가 없는 이들을 헤아리느라 애쓰며 이것을 알게 되었다.

· DAY ·

22

젊음을 간직할 수 있는 비결

The secret to being forever young

_버트 제이콥스(Bert Jacobs, 1941~)
1989년 첫 티셔츠 디자인, 의류브랜드 '라이프 이즈 굿'의 공동 창립자 겸 최고경영자

I wish I could tell you the secret to being forever young, but no one's figured that out yet. But if you see the glass half full, simplify your life, and give yourself to a worthy cause, you will be forever happy.

여러분에게 영원히 젊음을 간직할 수 있는 비결을 얘기해줄 수 있으면 좋겠지만
아직 그건 아무도 알아내지 못했다. 그러나 잔이 반쯤 채워진 걸로 보고,
단순하게 살고, 가치 있는 대의에 자신을 바친다면, 여러분은 영원히 행복할 것이다.

사람들은 그럴 준비가 되었을 때 변한다

When people are ready to, they change.

_앤디 워홀(Andy Warhol, 1928~1987)
시각주의 예술 운동의 선구자이자 팝 아트로 알려진 미술가

When people are ready to, they change.
They never do it before then, and sometimes they die
before they get around to it.
You can't make them change if they don't want to,
just like when they do want to, you can't stop them.

사람들은 그럴 준비가 되었을 때 변한다. 그 전에는 결코 변하지 않으며 때때로
미처 변화에 다다르기 전에 죽기도 한다. 사람들이 그러기를 원하지 않는다면 변하게 만들 수는 없다.
마찬가지로 사람들이 정말로 변하기를 원한다면 막을 수 없다.

전에 가본 적 없는 길로
여정을 시작하는 데는 기개와 용기가 필요하다

To undertake a journey on a road never before traveled requires character and courage.

_헨리 키신저(Henry Kissinger, 1923~   )
독일에서 태어난 미국의 유대계 정치인 겸 외교관

To undertake a journey on a road never before traveled
requires character and courage:
character because the choice is not obvious;
courage because the road will be lonely at first.
And the statesman must then inspire
his people to persist in the endeavor.

전에 가본 적 없는 길로 여정을 시작하는 데는 기개와 용기가 필요하다. 이 선택은 분명히 보이지 않기 때문에 기개가 필요하고, 이 길은 처음에는 외로울 것이므로 용기가 필요하다. 그러고 나면 정치인이 국민들이 끈질기게 계속하여 그러한 노력을 계속하도록 고취시켜야 한다.

25

사람들은 남이 한 말을 잊을 것이고,
남이 한 일도 잊을 테지만…

People will forget what you said,
people will forget…

_마야 안젤루(Maya Angelou, 1928~2014)
흑인 인권운동에 앞장선 미국의 작가이자 배우

I've learned that people will forget what you said,
people will forget what you did, but people will never forget
how you made them feel.

사람들은 남이 한 말을 잊을 것이고, 남이 한 일도 잊을 테지만,
어떤 기분을 느끼게 만들었는지는 결코 잊지 않는다는 것을 나는 깨달았다.

육체적으로뿐만 아니라
정신적으로도 장애인이 되지 마라

Don't be disabled in spirit as well as physically.

_스티븐 호킹(Stephen Hawking, 1942~2018)
우주론과 양자 중력의 연구에 크게 기여한 영국의 이론물리학자

My advice to other disabled people would be,
concentrate on things your disability doesn't
prevent you doing well,
and don't regret the things it interferes with.
Don't be disabled in spirit as well as physically.

다른 장애인들에게 주는 내 충고는 이렇다,
장애가 걸림돌이 되지 않는 일에 집중하라.
그렇다고 장애가 걸림돌이 되는 일을 아쉬워하지도 마라.
육체적으로뿐만 아니라 정신적으로도 장애인이 되지 마라.

사람의 위대함은
얼마만큼의 부를 획득하느냐에 있지 않다

The greatness of a man is not in how much wealth he acquires.

_밥 말리(Bob Marley, 1945~1981)
레게 장르를 전 세계적으로 확대시킨 자메이카의 싱어송라이터

The greatness of a man is not in how much wealth he acquires, but in his integrity and his ability to affect those around him positively.

사람의 위대함은 얼마만큼의 부를 획득하느냐에 있지 않고,
주변 사람들에게 긍정적인 영향을 끼치는 진실성과 능력에 있다.

정직하게 굴면
많은 친구가 생기지 않지만…

Being honest may not get
you a lot of friends…

_존 레논(John Lennon, 1940~1980)
영국의 세계적인 록 밴드 '비틀스'의 창립 멤버이자 반전운동가

Being honest may not get you a lot of friends
but it'll always get you the right ones.

정직하게 굴면 많은 친구가 생기지 않지만, 대신 제대로 된 친구가 생길 것이다.

대부분의 사람들이 거짓말을 하지 않는 시간은
채 10분도 안 된다

Most people can't go
10 minutes without lying.

_지미 팰런(Jimmy Fallon, 1974~　)
미국의 인기 있는 토크쇼 진행자 겸 코미디언, 영화배우

A new study found that most people can't go
10 minutes without lying. But since the study took
20 minutes nobody knows what to believe.

새로운 연구에 따르면 대부분의 사람들이 거짓말을 하지 않는 시간은
채 10분도 되지 않는다고 한다.
하지만, 이 연구는 20분이 걸리기 때문에 무엇을 믿을지는 아무도 모른다.

·DAY·

30

희망은 행동으로 만들어내는 것이다

Hope is something that you create, with your actions.

_알렉산드리아 오카시오-코르테즈(Alexandria Ocasio-Cortez, 1989~   )
바텐더에서 최연소 여성 하원의원이 된 미국 민주당 소속의 정치인

Hope is not something that you have.
Hope is something that you create, with your actions.
Hope is contagious.
Other people start acting in a way that has more hope.

희망은 품는 것이 아니다. 희망은 행동으로 만들어내는 것이다.
희망은 전염된다. 더 많은 희망을 품는 방식으로 행동하기 시작하는 사람들이 있다.

✦

그렇게 더 숭고한 방식으로
생계를 유지하지 마라

Don't make your living
in this more elevated way.

_재런 러니어(Jaron Lanier, 1960~   )
가상현실이라는 이름을 처음으로 고안하고 상용화한 컴퓨터 과학자

Every time we give a musician the advice to give
away the music and sell the T-shirt, we're saying,
'Don't make your living in this more elevated way.
Instead, reverse this social progress, and choose a more
physical way to make a living.' We're sending them
to peasanthood, very much like the Maoists have.

음악가에게 음악은 거저 쥐버리고 티셔츠나 팔라는 조언을 할 때마다 이런 말을 하는 셈이다.
'그렇게 더 숭고한 방식으로 생계를 유지하지 마라. 대신 이런 사회적 진보를 역행해서
몸을 써서 생계를 유지하는 방법을 찾으라.'
우리는 마오쩌둥 신봉자들이 그랬던 것처럼 음악가들을 시골로 농사나 지으라고 보내고 있다.

✦

· DAY ·

32

나는 어디에도 속하지 못했는데,
이는 내가 모든 곳에 속해 있다는 의미다

I don't have a place where I belong
and that means
I belong everywhere.

_트레버 노아(Trevor Noah, 1984~)
정치사회 이슈와 정치인 풍자로 유명한 남아공 출신의 코미디언 겸 TV 진행자

As an outsider myself, I always mixed myself with different
groups… I've never been afraid to go into a different space
and relate to those people, because I don't have a place where
I belong and that means I belong everywhere.

나는 아웃사이더였기 때문에 항상 여러 다양한 그룹과 어울렸다. 다른 공간으로 들어가
그 사람들과 관계 맺는 것을 두려워한 적은 없다. 왜냐하면 나는 어디에도 속하지 못했는데,
이는 내가 모든 곳에 속해 있다는 의미이기 때문이다.

· DAY ·

33

움직일 수 있는 데까지,
움직일 수 있는 만큼 움직여라

As far as you can,
as much as you can.

_앤서니 보데인(Anthony Bourdain, 1956~2018)
미국을 대표하는 셰프이자 푸드 칼럼리스트, 방송인

If I'm an advocate for anything, it's to move.
As far as you can, as much as you can.
Across the ocean, or simply across the river.
Walk in someone else's shoes or at least eat their food.
It's a plus for everybody.

내가 무엇이든 옹호하는 게 있다면, 그건 바로 움직이는 것이라 하겠다.
움직일 수 있는 데까지, 움직일 수 있는 만큼 움직여라.
바다를 건너보고, 아니면 그냥 강이라도 건너보라.
다른 사람의 신을 신고 걸어보고, 아니면 그들의 음식이라도 먹어보라.
이게 모든 이들에게 보탬이 된다.

여자가 같은 일을 하면,
똑같은 일인데도 그 여자는 따돌림을 당한다

A woman does the same thing
-the same thing, mind you-
and she's an outcast.

_캐서린 헵번(Katharine Hepburn, 1907~2003)
아카데미 여우주연상을 4번이나 수상한 미국의 배우

All I'm trying to say is that there are lots of things
that a man can do, and in society's eyes,
it's all hunky-dory. A woman does the same thing
-the same thing, mind you-and she's an outcast.

내가 하고 싶은 말은 이것뿐이다. 남자가 할 수 있는 일은 잔뜩 있고,
사회에서는 그걸 다 멋지다고 본다. 여자가 같은 일을 하면, 똑같은 일인데도
그 여자는 따돌림을 당한다.

· DAY ·

35

어른이 아이에게 물을 수 있는
가장 쓸데없는 질문 중 하나는…

The most useless question
an adult can ask a child…

_미셸 오바마(Michelle Obama, 1964~   )
아프리카계 최초로 퍼스트레이디를 지낸 미국의 법조인 겸 작가

Now I think it's one of the most useless questions an
adult can ask a child - What do you want to be when
you grow up? As if growing up is finite. As if at
some point you become something and that's the end.

이제 드는 생각은 어른이 아이에게 물을 수 있는 가장 쓸데없는 질문 중 하나가 바로
'커서 뭐가 되고 싶니?'이다. 마치 자라는 것이 어느 순간에 끝나는 것 같이,
또 마치 어느 시점이 되면 무언가가 되고 그걸로 끝인 것처럼 말이지.

84

· DAY ·

36

우리는 혐오나 두려움 등의
바이러스에 면역되어 있지 않다

We are not immune to the viruses
of hate, of fear, of other.

_저신다 아던(Jacinda Ardern, 1980~   )
39세에 뉴질랜드 역사상 세 번째 여성 총리이자 최연소 총리가 된 정치인

Even the ugliest of viruses can exist in places they are
not welcome. Racism exists, but it is not welcome here.
Because we are not immune to the viruses of hate,
of fear, of other. We never have been. But we can be the
nation that discovers the cure.

심지어 가장 끔찍한 바이러스조차도 환영받지 않는 곳에 존재할 수 있다. 인종차별도 존재한다.
하지만 여기서는 환영받지 못한다. 우리는 혐오나 두려움 등의 바이러스에
면역되어 있지 않기 때문이다. 우리는 이런 바이러스들에 면역이 있었던 적이 없다.
하지만 우리는 치료제를 찾아내는 나라는 될 수 있다.

아끼는 것들을 위해 싸우라

Fight for the things that you care about.

_루스 베이더 긴즈버그(Ruth Bader Ginsburg, 1933~2020)
미국 역사상 두 번째 여성 연방대법관, '젠더(gender)'라는 단어를 처음 사용한 인물

Real change, enduring change, happens one step at a time.
Fight for the things that you care about,
but do it in a way that will lead others to join you.

진짜 변화, 지속되는 변화는 한 번에 한 걸음씩 일어난다. 아끼는 것들을 위해 싸우라.
하지만 다른 이들이 당신과 함께하기 만드는 방식으로 싸우라.

· DAY ·

38

그냥 내일을 상상하렴.
이 일은 끝날 거니까

Just imagine tomorrow.
This is going to be over.

_타이라 뱅크스(Tyra Banks, 1973~   )
〈도전! 슈퍼모델〉과 〈타이라 뱅크스 쇼〉를 진행했던 미국의 모델 겸 배우

One thing my mom used to tell me was to look to
the other side, and know that my present is not going
to be everything. So if I'm having a bad day, she goes,
"Just imagine tomorrow. This is going to be over.
This is going to be done with."

엄마가 내게 하곤 했던 말 한 가지는 다른 면을 보라는 거였다. 그리고
현재가 전부가 아니라는 것을 알라는 거였다. 그래서 내가 만일 일진이 사나우면 엄마 말로는 그랬다.
"그냥 내일을 상상하렴. 이건 끝날 거니까. 이 일은 끝을 내게 될 거니까.

90

마음이 우리를 움직이며
우리의 운명을 결정한다

Heart is what drives us
and determines our fate.

_이사벨 아옌데(Isabel Allende, 1942~   )
칠레 출신의 언론인이자 미국 국적으로 활동 중인 라틴아메리카의 여성 작가

Heart is what drives us and determines our fate.
That is what I need for my characters in my books:
a passionate heart. I need mavericks, dissidents,
adventurers, outsiders and rebels,
who ask questions, bend the rules and take risks.

마음이 우리를 움직이며 우리의 운명을 결정한다. 열정적인 마음, 그것이
내 책 속의 등장인물들을 위해 필요한 것이다. 나는 이단아, 반체제 인사, 모험가, 아웃사이더,
반역자들이 필요하다. 이들은 질문을 하고, 규칙을 변칙 적용하고, 모험을 무릅쓴다.

듣고 싶지 않은 말을 해줄 수 있는 사람들이 필요하다

You need people who can tell you what you don't want to hear.

_로버트 드 니로(Robert De Niro, 1943~)
미국 영화계의 살아 있는 전설로 불리는 배우 겸 영화감독

The hardest thing about being famous is that people are always nice to you. You're in a conversation and everybody's agreeing with what you're saying—even if you say something totally crazy. You need people who can tell you what you don't want to hear.

유명해지는 데 있어 가장 힘든 점은 사람들이 언제나 친절하다는 점이다.
대화를 하게 되면 모두가 당신이 하는 말에 동의를 하고 있다.
당신이 설령 정말 미친 소리를 하고 있어도 말이다.
듣고 싶지 않은 말을 해줄 수 있는 사람들이 필요하다.

Chapter
3

41

때론 모든 것을 놓아버려야 한다

Sometimes you've got to let everything go.

_티나 터너(Tina Turner, 1939~)
소울의 전설로 칭송받는, 스위스로 귀화한 미국 출신의 가수 겸 배우

Sometimes you've got to let everything go - purge
yourself. Whatever is bringing you down, get rid of it.
Because you'll find that when you're free,
your true creativity, your true self comes out.

때론 모든 것을 놓아버려야 한다. 자신을 정화하라.
무엇이 당신을 끌어내리든지 그것을 제거하라. 왜냐하면 자유로울 때 당신의 창의성,
당신의 진정한 자아가 드러난다는 것을 알게 될 것이기 때문이다.

어떤 사람이 당신과 맞지 않으면
그냥 살게 두라

If a human disagrees with you,
let him live.

_칼 세이건(Karl Sagan, 1934~1996)
자연과학을 대중화하는 데 힘쓴 외계생물학계의 선구자이자 천문학자

Every one of us is, in the cosmic perspective, precious.
If a human disagrees with you, let him live.
In a hundred billion galaxies, you will not find another.

우주 전체를 두고 볼 때 우리 하나하나는 모두 소중하다.
어떤 사람이 당신과 맞지 않으면 그냥 살게 두라.
수천 억 개의 은하에는 똑같은 사람이 없다.

개인은 덧없이 지나간다.
하지만 인간은 남는다

The individual is ephemeral,
but man remains.

_니콜라 테슬라(Nikola Tesla, 1856~1943)
세르비아계 미국인 발명가로 상업용 전기에 중요한 기여를 한 인물

The individual is ephemeral,
races and nations come and pass away, but man remains.
There in lies the profound difference between
the individual and the whole.

개인은 덧없이 지나간다. 인종과 나라도 왔다가 사라진다. 하지만 인간은 남는다.
개인과 전체의 심오한 차이가 거기에 있다.

✦

리더가 되었을 때 성공은
다른 사람들을 키우는 일에 있다

When you become a leader,
success is all about growing others.

_잭 웰치(Jack Welch, 1935~2020)
제너럴 일렉트릭사의 회장과 최고경영자를 역임한 미국의 경영가

Before you are a leader, success is all about growing
yourself. When you become a leader, success is all
about growing others.

리더가 되기 전 성공은 오로지 자신을 키우는 일에 있다.
리더가 되었을 때 성공은 다른 사람들을 키우는 일에 있다.

영리함은 재능이고
친절함은 선택이다

Cleverness is a gift,
kindness is a choice.

_제프 베이조스(Jeff Bezos, 1964~)
아마존닷컴의 설립자이자 최고경영자

Cleverness is a gift, kindness is a choice.
Gifts are easy - they're given after all.
Choices can be hard. You can seduce yourself with your
gifts if you're not careful, and if you do,
it'll probably be to the detriment of your choices.

영리함은 재능이고 친절함은 선택이다. 재능은 쉽다. 이것들은 결국 주어진 것이니까.
선택은 어려울 수 있다. 주의하지 않으면 자신의 재능에 스스로 넘어갈 수 있다.
그렇게 된다면 당신의 선택에 재능은 해가 될 것이다.

✦

· DAY ·

46

재능은 마치 스포츠 팀과 같다

Talent is like a sports team.

_일론 머스크(Elon Musk, 1971~   )
남아공 출신의 미국 기업인, 스페이스X와 테슬라모터스의 최고경영자

———————

Talent is extremely important.
It's like a sports team. The team that has the best
individual player will often win, but then there's a
multiplier from how those players work together
and the strategy they employ.

재능은 굉장히 중요하다. 이건 마치 스포츠 팀과 같다.
최고의 개별 선수들을 보유한 팀이 종종 승리한다. 하지만 선수들이 힘을 합치는 방식과
이들이 차용하는 전략에서 승수 효과(곱하기 효과)가 생겨난다.

우리가 좀 더 나은 인간이 되기 위해서는…

We can become better human…

_패트릭 스튜어트(Patrick Stewart, 1940~   )
〈스타트렉〉과 〈엑스맨〉 시리즈에 출연한 영국 배우

I think that for the moment, at least, we are as good as it gets. And the good, the potential good in us is still to be explored…… so that we can become better human beings to ourselves as well as to others. And I sometimes feel we're only at the threshold of those discoveries.

지금으로선 우리는 최소한 선할 수 있는 만큼 선하다고 생각한다.
그리고 우리가 자신에게나 다른 이들에게 더 나은 인간이 되기 위해서는 선(善),
우리 속의 잠재된 선은 여전히 탐구할 게 많다.
그리고 때로는 우리가 그러한 발견의 문턱에 서 있을 뿐이라고 생각한다.

아무도 원치 않는 것, 아무도 사랑해주지 않는 것,
아무도 돌봐주지 않는 것이 가장 큰 가난이다

The poverty of being unwanted, unloved and uncared for is the greatest poverty.

_마더 테레사(Mother Teresa, 1910~1997)
사랑의 선교회를 통해 빈민과 병자, 고아들을 위해 헌신한 로마 가톨릭교회의 수녀

We think sometimes that poverty is only being hungry,
naked and homeless. The poverty of being unwanted,
unloved and uncared for is the greatest poverty.
We must start in our own homes to remedy this kind
of poverty.

우리는 종종 가난이 단지 굶주리고 헐벗고 살 집이 없는 거라 생각한다.
아무도 원치 않는 것, 아무도 사랑해주지 않는 것, 아무도 돌봐주지 않는 것이 가장 큰 가난이다.
우리는 이러한 종류의 가난을 치유하기 위해 자신의 가정에서부터 시작해야 한다.

인간관계는 풍성하면서도 지저분하고 힘들다

Human relationships are rich and they're messy and they're demanding.

_셰리 터클(Sherry Turkle, 1948~)
기술심리학 분야의 선구자로 인정받는 미국 MIT의 심리학 교수

Human relationships are rich and they're messy and they're demanding. And we clean them up with technology. We shortchange ourselves. And over time, we seem to forget this, or we seem to stop caring.

인간관계는 풍성하면서도 지저분하고 힘들다. 그래서 우리는 기술로 인간관계를 청소한다. 우리는 우리 자신을 속인다. 그리고 시간이 지나면서 이것을 잊어버리는 것 같다. 아니면 마음을 쓰는 것을 그만두는 것 같다.

✦

일단 열정을 찾았다는 것을 깨달으면
자신에게 투자하라

Once you realize that
you have identified a passion,
invest in yourself.

_마사 스튜어트(Martha Stewart, 1941~)
가사를 예술의 차원으로 끌어올렸다는 평가를 받는 미국의 기업인

Once you realize that you have identified a passion,
invest in yourself. Figure out what you need to know,
what kind of experience and expertise you need
to develop to do the things that you feel in your heart
you will enjoy and that will sustain you both
mentally and economically.

일단 열정을 찾았다는 것을 깨달으면 자신에게 투자하라.
마음속에서 즐겁다고 느끼게 해주고, 당신을 정신적·경제적으로 지탱하게 해주는 일들을 하기 위해
무엇을 알아야 하는지, 그리고 어떤 종류의 경험과 전문 지식을 길러야 하는지를 알아내라.

내려가게 된다면, 나는 춤추며 내려갈 것이다

If I go down, I'm going down swinging.

_맷 데이먼(Matt Damon, 1970~　)
미국의 영화배우 겸 각본가, 자선활동가

Some people get into this business and they're so afraid to lose anything. They try to protect their position like clinging to a beachhead. These actors end up making really safe choices. I never wanted to go that route. If I go down, I'm going down swinging.

어떤 사람들은 이 업종에 들어올 때 어떤 것이든 잃을까 두려워한다. 이들은 자기 위치를 마치 발판을 붙들고 늘어지듯 지키려고 한다. 이러한 배우들은 아주 안전한 선택만 하게 된다. 나는 절대 그런 길을 가고 싶지 않았다. 내려가게 된다면, 나는 춤추며 내려갈 것이다.

미워하는 법을 배울 수 있다면
사랑하는 법도 배울 수 있다

If they can learn to hate,
they can be taught to love.

_넬슨 만델라(Nelson Mandela, 1918~2013)
남아공에서 평등선거 실시 후 뽑힌 세계 최초의 흑인 대통령

No one is born hating another person because of the color of his skin, or his background, or his religion. People must learn to hate, and if they can learn to hate, they can be taught to love, for love comes more naturally to the human heart than its opposite.

그 누구도 피부색이나 배경 또는 종교를 이유로 날 때부터 다른 이를 미워하는 사람은 없다.
사람들은 미워하는 법을 배우는 게 틀림없다. 그리고 미워하는 법을 배울 수 있다면
사랑하는 법도 배울 수 있다. 왜냐하면 사랑은 그 반대쪽(미움)보다는
사람의 마음에 더 자연스레 찾아오기 때문이다.

취약해진다는 것은 자신을 드러내는 것, 정직해지는 것이다

To be vulnerable, to let ourselves be seen, to be honest.

_브레네 브라운(Brene Brown, 1965~　)
미국 휴스턴대학교의 연구 교수이자 '취약성', '수치심'을 연구한 심리 전문가

Vulnerability is not weakness. I define vulnerability as emotional risk, exposure, uncertainty.
It fuels our daily lives. And I've come to the belief - this is my 12th year doing this research - that vulnerability is our most accurate measurement of courage - to be vulnerable, to let ourselves be seen, to be honest.

취약하다는 것은 약점이 아니다. 나는 취약함을 정서적인 위험, 노출, 불확실성이라 정의한다.
이는 우리 삶에 연료를 공급해준다. 나는 이러한 취약성이
용기의 가장 정확한 지표라는 믿음에 도달하게 되었다. 이 연구를 한 지 12년째다.
취약해진다는 것은 자신을 드러내는 것, 정직해지는 것을 말한다.

리더 노릇은 다른 이들이
기꺼이 당신을 따르는 것을 의미한다

Leading means that others
willingly follow you.

_사이먼 시넥(Simon Sinek, 1973~   )
영국계 미국인 작가이자 전략커뮤니케이션 전문가

Leading is not the same as being the leader.
Being the leader means you hold the highest rank,
Leading, however, means that others willingly follow
you-not because they have to, not because they are paid to,
but because they want to.

리더 노릇은 리더가 되는 것과 같지 않다. 리더가 되는 것은 가장 높은 서열에
자리하고 있음을 의미한다. 그러나 리더 노릇은 다른 이들이 기꺼이 당신을 따르는 것을 의미한다.
그래야만 해서 혹은 그러라고 돈을 받아서가 아니라 그러고 싶어서 따르는 것이다.

굴러다니는 데 훨씬 더 많은 고통이 따른다

There's far more pain involved in rolling over.

_테드 크루즈(Ted Cruz, 1970~　)
미국 공화당 소속의 정치인

Standing on your feet, there's sometimes some pain, sometimes some fatigue that is involved. But you know what? There's far more pain involved in rolling over...... far more pain in hiding in the shadows, far more pain in not standing for principle, not standing for the good, not standing for integrity.

발로 서 있으면 때로는 고통이 있고 때로는 피로감이 따른다.
하지만 아는가? 굴러다니는 데 훨씬 더 많은 고통이 따른다는 걸.
그림자 속에 숨을 때 훨씬 더 많은 고통이 있고, 원칙을 옹호하지 않을 때
훨씬 더 많은 고통이 있고, 선을 옹호하지 않고 진실을 옹호하지 않을 때도 그렇다.

작은 기업들을 잃으면
큰 아이디어들을 잃는다

When you lose small businesses,
you lose big ideas.

_테드 터너(Ted Turner, 1938~   )
24시간 뉴스 채널 CNN을 설립한 언론 재벌 겸 자선사업가

When you lose small businesses, you lose big ideas.
People who own their own businesses are their own
bosses. They are independent thinkers. They know
they can't compete by imitating the big guys; they
have to innovate. So they are less obsessed with
earnings than they are with ideas.

작은 기업들을 잃으면 큰 아이디어들을 잃는다. 자기 사업체를 가진 이들은 스스로가 보스다.
이들은 독립적인 사상가들이다. 큰 기업들을 모방해서는 경쟁할 수 없다는 것을 안다.
이들은 혁신을 해야 한다. 그래서 이들은 수익보다 아이디어에 더 집착한다.

성공하는 데 필요한 기술이
자신에게 있다는 걸 믿을 필요가 있다

They need to believe that
they have the skills
they require to be successful.

_질 바이든(Jill Biden, 1951~)
미국의 교육자이자 제46대 미국 대통령 조 바이든의 아내

No matter what teaching methods I have changed,
I have found the same premise to be true over time-
it's all about building confidence in your students.
The bottom line is that at the end of the day,
they need to believe that they have the skills they
require to be successful.

교수법을 아무리 바꿔 봐도 오랜 시간에 걸쳐 나는 같은 전제가 옳다는 사실을 알게 되었다.
그것은 모두 학생 내면의 자신감을 키워주는 것에 관한 일이다. 핵심은,
하루 수업이 끝날 때 학생들은 성공하는 데 필요한 기술이
자신에게 있다는 걸 믿을 필요가 있다는 것이다.

혼자인 게 두려운 것과 고독과 고독한 경험이 절박하게 필요한 것

Having a great fear of being alone, and having a desperate need for solitude and the solitary experience

_조디 포스터(Jodie Foster, 1962~   )
지성미 넘치는 캐릭터의 대명사인 미국의 배우 겸 영화 제작자

It's an interesting combination: Having a great fear
of being alone, and having a desperate need for solitude
and the solitary experience.
That's always been a tug of war for me.

참으로 흥미로운 조합이 아닐 수 없다. 혼자인 게 두려운 것과 고독과 고독한 경험이
절박하게 필요한 것. 이 두 가지를 두고 나는 늘 줄다리기를 벌여왔다.

· DAY ·

59

우리는 숨겨진 저력을 보여야 하는
상황에 처하기 전까지 자신이 얼마나 강한지 모른다

We don't even know how strong we are until we are forced to bring that hidden strength forward.

_이사벨 아옌데(Isabel Allende, 1942~   )
칠레 출신의 언론인이자 세계적 베스트셀러 『영혼의 집』을 쓴 작가

I never said I wanted a 'happy' life but an interesting
one. From separation and loss, I have learned a lot.
We don't even know how strong we are until we are
forced to bring that hidden strength forward.

나는 '행복한' 삶을 원한다고 한 적이 없다. 흥미로운 삶을 원한다고 했을 뿐이다.
결별과 상실을 겪으며 나는 많은 것을 배웠다. 우리는 숨겨진 저력을 보여야 하는 상황에
처하기 전까지 자신이 얼마나 강한지 모른다.

신은 당신에게 두뇌를 주었다.
그걸 가지고 최선을 다하라

God gave you a brain.
Do the best you can with it.

_클린트 이스트우드(Clint Eastwood, 1930~   )
반세기가 넘게 할리우드의 정상을 지킨 영화배우 겸 제작자

God gave you a brain. Do the best you can with it.
And you don't have to be Einstein, but Einstein was
mentally tough. He believed what he believed.
And he worked out things.
And he argued with people who disagreed with him.
But I'm sure he didn't call everybody jerks.

신은 당신에게 두뇌를 주었다. 그걸 가지고 최선을 다하라. 그렇다고 아인슈타인이 될 필요는
없다. 하지만 아인슈타인은 정신적으로 강했다. 그는 자신이 믿는 바를 믿었다.
그리고 여러 가지 일들을 실행했다. 또한 자신에게 반대하는 이들과 논쟁을 했다.
하지만 확신컨대, 그가 모든 이들을 바보천치라고 부르지는 않았다.

Chapter
4

우리는 말하고, 쓴다.
우리는 언어를 한다

We speak, we write,
we do language.

_토니 모리슨(Toni Morrison, 1931~2019)
1993년 노벨문학상을 수상한 미국의 작가이자 교수, 편집자

There is no time for despair, no place for self-pity,
no need for silence, no room for fear.
We speak, we write, we do language.
That is how civilizations heal.

절망할 시간이 없다. 자기 연민에 젖을 여유도 없다. 침묵할 필요도 없다.
두려워할 여력도 없다. 우리는 말하고, 쓴다. 우리는 언어를 한다.
이게 문명이 치유하는 방식이다.

우리는 실수에 낙인을 찍는다

We stigmatize mistakes.

_켄 로빈슨(Ken Robinson, 1950~2020)
'창의성과 혁신 분야의 최고 사상가'로 꼽히는 영국의 교육학자 겸 교수

We stigmatize mistakes. And we're now running
national educational systems where mistakes are the
worst thing you can make - and the result is that we
are educating people out of their creative capacities.

우리는 실수에 낙인을 찍는다. 게다가 우리는
실수야말로 할 수 있는 최악의 일이 되는 교육 시스템을 전국적으로 돌리고 있다.
그 결과 우리는 창의적인 능력을 버리도록 교육을 하고 있다.

더 나은 인간이 되는 데는
왜 그만큼 시간을 쓰지 않는가?

Why not the same to become a
better human being?

_마티유 리카르(Matthieu Ricard, 1946~   )
'세계에서 가장 행복한 사람'으로 불리는 프랑스 출신의 티베트 불교 승려이자 작가

We don't mind spending 15 years on education,
why not the same to become a better human being?

우리는 교육받느라 15년을 쓰는 걸 개의치 않는다.
그런데 더 나은 인간이 되는 데는 왜 그만큼 시간을 쓰지 않는가?

미래를 예측하는 최고의 방법은
미래를 설계하는 것이다

The best way to predict the
future is to design it.

_버크민스터 풀러(Buckminster Fuller, 1895~1983)
삼각형의 면을 연결해 동그란 공처럼 만든 지오데식 돔을 디자인한 디자이너이자 멘사의 두 번째 회장

The best way to predict the future is to design it.
Participating in the construction of the type of future
you want to live in is a perfect way to describe
a change maker's agenda.

미래를 예측하는 최고의 방법은 미래를 설계하는 것이다.
살고 싶은 유형의 미래를 구축하는 데 참여하는 것이
변화를 일으키는 자의 어젠다를 묘사하는 완벽한 방법이다.

실현만이 꿈의 목적이 아니다

Coming true is not the
only purpose of a dream.

_리사 부(Lisa Bu, 1970년대 중국 후난성)
'책이 어떻게 마음을 열 수 있는지에 대한 이야기'라는 테드 강연으로 유명한 중국 출신의 미국 독서가

Coming true is not the only purpose of a dream.
Its most important purpose is to get us in touch with
where dreams come true, where passion comes from,
where happiness comes from.
Even a shattered dream can do that for you.

실현만이 꿈의 목적이 아니다. 꿈의 가장 중요한 목적은
우리로 하여금 꿈이 어디서 실현되는지, 열정은 어디에서 오는지,
그리고 행복은 어디에서 오는지와 연결되게 하는 데 있다.
심지어는 산산조각 난 꿈도 이런 역할을 한다.

·DAY·

66

사람을 감사하게 만드는 건 행복이 아니다.
사람을 행복하게 만드는 게 감사이다

It is not happiness that makes you grateful; it is gratefulness that makes you happy.

_데이비드 스타인들-라스트(David Steindl-Rast, 1926~   )
감사의 힘에 대해 저술과 강연 활동을 하고 있는 수도사 겸 초종교학자

---

*It is not happiness that makes you grateful;
it is gratefulness that makes you happy.*

사람을 감사하게 만드는 건 행복이 아니다.
사람을 행복하게 만드는 게 감사이다.

내 생각에 많은 경우 성공하는 사람과
실패하는 사람의 차이는, 두려움이 아니다

The difference between people who succeed and people who fail, I think in many cases, it's not fear.

_칼리 피오리나(Carly Fiorina, 1954~　)
휴렛팩커드의 최고경영자를 역임한 미국의 기업인 겸 정치인

The difference between people who succeed and people
who fail, I think in many cases it's not fear. Everyone
experiences fear. The difference is what you do with
your fear. I think that is actually what distinguishes
very successful people from others.

내 생각에 많은 경우 성공하는 사람과 실패하는 사람의 차이는, 두려움이 아니다.
모두가 두려움을 경험한다. 차이는 두려움을 어떻게 하느냐이다.
나는 사실상 이것으로 성공하는 사람과 그렇지 않은 이들이 구별된다고 생각한다.

경험을 가진 사람이
돈을 가진 사람과 만나면…

When a person with experience
meets a person with money…

_에스티 로더(Estee Lauder, 1946~2004)
미국 맨해튼에 본사를 둔 세계적인 화장품 브랜드 에스티 로더의 창업주

When a person with experience meets a person with
money, pretty soon, the person with the experience
will have the money and the person with the money
will have the experience.

경험을 가진 사람이 돈을 가진 사람과 만나면,
이내 경험이 있는 사람은 돈을 가지게 되고, 돈이 있는 자는 경험을 가지게 된다.

목표를 말도 안 되게 높이 잡고 실패하면…

If you set your goals ridiculously high and it's a failure…

_제임스 카메론(James Cameron, 1954~   )
할리우드에서 독자적인 영역을 개척한 영화감독 겸 제작자

If you set your goals ridiculously high
and it's a failure,
you will fail above everyone else's success.

목표를 말도 안 되게 높이 잡고 실패하면,
그 실패치는 다른 모든 사람들의 성공보다 위에 있게 된다.

세상에서 가장 좋고 가장 아름다운 것들은
볼 수 없고 만질 수도 없다

The best and most beautiful things in the world cannot be seen or even touched.

_헬렌 켈러(Helen Keller, 1880~1968)
미국의 작가이자 교육자, 인문계 학사를 받은 최초의 시청각 장애인

The best and most beautiful things in the world
cannot be seen or even touched - they must be felt
with the heart.

세상에서 가장 좋고 가장 아름다운 것들은 볼 수 없고 만질 수도 없다.
이런 것들은 마음으로 느껴야 한다.

내가 발견한 것은 음악에서와 마찬가지로 예술에는 많은 진리가 있다는 점이다

What I've discovered is that in art, as in music, there's a lot of truth.

_레이디 가가(Lady Gaga, 1986~)
창의적이고 파격적인 무대로 유명한 미국의 음악가이자 배우, 사회운동가

What I've discovered is that in art, as in music,
there's a lot of truth - and then there's a lie.
The artist is essentially creating his work to make
this lie a truth. The tiny little lie is the moment
I live for, my moment.
It's the moment that the audience falls in love.

내가 발견한 것은 음악에서와 마찬가지로 예술에는 많은 진리가 있다는 점이다.
그리고 거짓말도 있다. 예술가는 기본적으로 이러한 거짓말을 하나의 진리로 만들기 위해
작품을 창작한다. 이 작고 조그마한 거짓말이 내가 삶을 바치는 순간이고, 나의 순간이다.
이는 청중들이 사랑에 빠지는 순간이기도 하다.

죽음은 삶의 최고 발명품이라 할 수 있다

Death is very likely the single best invention of life.

_스티브 잡스(Steve Jobs, 1955~2011)
개인용 컴퓨터를 대중화한 애플의 전 최고경영자 겸 공동 창립자

Death is very likely the single best invention of life.
It's life's change agent; it clears out the old to make
way for the new. Your time is limited, so don't waste
it living someone else's life.

죽음은 삶의 최고 발명품이라 할 수 있다. 그것은 삶의 변화의 동인이다.
그것은 오래된 것들을 치워 새로운 것들에 길을 내준다.
여러분의 시간은 제한되어 있다. 그러니 다른 사람의 삶을 사느라 시간을 낭비하지 마라.

· DAY ·
73

나는 특별한 사람이다.
나는 영향력이 있고 강하다

I am somebody.
I am powerful, and I am strong.

_리타 피어슨(Rita Pierson, 1951~2013)
40년간 선생님으로 재직하며 교사와 아이의 진정한 관계 맺기를 실천한 미국의 교육자

"I am somebody. I was somebody when I came.
I'll be a better somebody when I leave.
I am powerful, and I am strong.
I deserve the education that I get here. I have things
to do, people to impress, and places to go."
You say it long enough, it starts to be a part of you.

"나는 특별한 사람이다. 나는 태어날 때 특별한 사람이었다.
나는 세상을 떠날 때 더 나은 특별한 사람이 되어 있을 것이다. 나는 영향력이 있고 강하다.
나는 여기서 교육을 받을 가치가 있다. 나는 할 일이 있고, 감명을 줄 사람들이 있으며, 갈 곳이 있다."
충분히 오랫동안 이렇게 말하면, 그것이 자신의 일부가 되기 시작한다.

164

74

다시 시도하라.
그러고 나서 또 다시 시도하라

Try again.
And then try again.

_셰릴 샌드버그(Sheryl Sandberg, 1969~   )
페이스북의 최고운영책임자

———————

What about the rat race in the first place?
Is it worthwhile? Or are you just buying into someone
else's definition of success? Only you can decide that.
Maybe you picked the wrong job.
Try again. And then try again.

무엇보다도 그 극심한 경쟁은 어쩔 것인가? 그건 그럴 만한 가치가 있는 걸까? 아니면 다른
누군가가 내려놓은 성공의 정의를 그저 믿고 있는 것인가? 오직 당신만이 그걸 결정할 수 있다.
아마도 당신은 맞지 않는 일을 골랐을지도 모른다.
다시 시도하라. 그러고 나서 또 다시 시도하라.

166

여러분은 더 일찍 시작해서
더 오래 버텨야 한다

You must start sooner,
and carry on longer.

_빌 게이츠(Bill Gates, 1955~)
미국 마이크로소프트 설립자

We can make market forces work better for the poor
if we can develop a more creative capitalism.
You have more than we had; you must start sooner,
and carry on longer.

우리가 보다 창의적인 자본주의를 만들 수 있다면, 우리는 가난한 이들을 위해
시장의 힘이 더 잘 작용하도록 만들 수 있다. 여러분은 과거 우리들보다 더 많은 것을 현재 가지고 있다.
여러분은 더 일찍 시작해서 더 오래 버텨야 한다.

사람들은 자신에 대해 무엇을 말하고 싶은가?

What do people want to tell about themselves?

_마크 저커버그(Mark Zuckerberg, 1984~   )
페이스북의 설립자 겸 최고경영자

The question isn't,
'What do we want to know about people?',
It's, 'What do people want to tell about themselves?'

질문은 '사람들에 대해 무엇이 알고 싶은가?'가 아니다.
질문은 '사람들은 자신에 대해 무엇을 말하고 싶은가?'이다.

누가 당신 인생을 정의하는 것을 받아들이지 마라.
스스로를 정의하라

Accept no one's definition of
your life; define yourself.

_하비 피어스틴(Harvey Fierstein, 1954~)
브로드웨이의 배우이자 〈라카지〉 〈킹키부츠〉 〈뉴시스〉 등을 집필한 최고의 극작가

Never be bullied into silence. Never allow yourself to be
made a victim. Accept no one's definition of your life;
define yourself.

절대 협박을 당해 입을 다물지 마라. 절대 자신이 희생자가 되도록 두지 마라.
누가 당신 인생을 정의하는 것을 받아들이지 마라.
스스로를 정의하라.

· DAY ·

78

사람들이 행복해지기 그렇게나 힘든 이유는…

The reason people find it
so hard to be happy is…

_마르셀 파뇰(Marcel Pagnol, 1895~1974)
'마농의 샘'으로 유명한 프랑스의 극작가 겸 영화감독

The reason people find it so hard to be happy
is that they always see the past better than it was,
the present worse than it is, and the future
less resolved than it will be.

사람들이 행복해지기 그렇게나 힘든 이유는
과거를 늘 실제보다 좋게 보고, 현재를 실제보다 나쁘게 보고,
미래를 펼쳐질 것보다 더 불안하게 보기 때문이다.

목표가 없는 꿈은
그저 꿈일 뿐이라는 걸 명심하라

Remember dreams without goals
are just dreams.

_덴젤 워싱턴(Denzel Washington, 1954~   )
두 번의 아카데미상, 세 번의 골든글로브상을 수상한 미국의 영화배우

———————————

Don't be afraid to dream big,
but remember dreams without goals are just dreams.
So have dreams but have goals.
I try to give myself a goal every day.
Sometimes it's just not to curse somebody out.

꿈을 크게 가지는 것을 두려워하지 마라. 그러나 목표가 없는 꿈은 그저 꿈일 뿐이라는 걸 명심하라.
그러니 꿈을 갖되 목표도 가져라. 나는 매일 나 자신에게 목표를 주려고 한다.
때로 그건 그저 누군가에게 욕을 하지 않는 것일 수도 있다.

한 번쯤은 제멋대로 굴어라. 버릇없이 굴어라

At some point, to act up - be misbehaved.

_마크 러팔로(Mark Ruffalo, 1967~   )
'어벤져스' 시리즈의 헐크로 잘 알려진 미국의 영화배우

I'm asking each of you, at some point,
to act up - be misbehaved. Buck the system.
Fight for what you believe in. This is the time to do it.
You're the ones to do it. Your world, like no other
generation, you actually get to create the world
that you can imagine.

여러분 각각에게 요청하는 바이다. 한 번쯤은 제멋대로 굴라고. 버릇없이 굴라고.
체제에 저항하고, 믿는 바를 위해 싸우라. 지금이 그렇게 할 때다. 여러분이 그 일을 할 사람들
이다. 여러분의 세계는 다른 세대들과는 달리 상상할 수 있는 세계를 실제 창조하게 된다.

Chapter 5

DAY

81

실패란 단지 삶이 우리를
다른 방향으로 움직이려고 하는 것일 뿐이다

Failure is just life
trying to move us in another direction.

_오프라 윈프리(Oprah Winfrey, 1954~   )
〈포브스〉 선정 세계에서 가장 영향력 있는 100인으로 뽑힌 미국의 방송인 겸 배우

It doesn't matter how far you might rise.
At some point you are bound to stumble.
And when you do I want you to know this, remember this:
There is no such thing as failure. Failure is just life
trying to move us in another direction.

얼마나 멀리까지 날아오르는지는 중요하지 않다. 어떤 시점이 되면 발을 헛디딜 수밖에 없다.
그리고 넘어지질 때는 이 점을 기억했으면 한다.
실패 같은 건 없다. 실패란 단지 삶이 우리를 다른 방향으로 움직이려고 하는 것일 뿐이다.

✦

_____

_____

_____

_____

_____

_____

_____

_____

_____

_____

_____

믿는 것에 온 마음을 쏟으면
비록 그것 때문에 상처 받는다고 할지라도…

If you truly pour your heart into what you believe in - even if it makes you vulnerable…

_엠마 왓슨(Emma Watson, 1990~　)
〈해리 포터〉 시리즈의 헤르미온느 역으로 유명한 영국의 배우 겸 모델, 여성인권운동가

Becoming yourself is really hard and confusing,
and it's a process. But I found that ultimately
if you truly pour your heart into what you believe in
- even if it makes you vulnerable - amazing things can
and will happen.

자기 자신이 된다는 것은 정말로 어렵고 혼란스러운 일이며 하나의 과정이다.
하지만 나는 결국엔 믿는 것에 온 마음을 쏟으면 비록 그것 때문에 상처 받는다고 할지라도
놀라운 일들이 일어날 수 있고 일어나기 마련이라는 사실을 알게 되었다.

삶에서,
기쁨에 이르는 지름길이란 없다

In life,
there are no shortcuts to joy.

_크리스 버카드(Chris Burkard, 1986~　)
최고의 서핑 사진들을 세상에 내놓는 미국의 사진작가 겸 영상예술가

In life, there are no shortcuts to joy. Anything that
is worth pursuing is going to require us to suffer just
a little bit, and that tiny bit of suffering that I did
for my photography, it added a value to my work
that was so much more meaningful to me
than just trying to fill the pages of magazines.

삶에서, 기쁨에 이르는 지름길이란 없다. 추구할 가치가 있는 일이라면
어떤 일이든지 우리에게 어느 정도 고통을 감수할 것을 요구한다. 그 어느 정도의 고통을 나는
내 사진을 위해 겪었는데, 이는 그저 잡지 페이지를 채우는 것보다
내게 훨씬 더 많은 의미가 있는 가치를 내 작품에 부여해주었다.

· DAY ·

84

한 사람이 정말로 있는 그대로의 모습이 되도록 해주는 것,
그것이 진짜 사랑이 도달하는 지점이다

That's what real love amounts to
- letting a person be what
he really is.

_짐 모리슨(Jim Morrison, 1943~1971)
밴드 '도어스'의 리드 싱어이자 작사가

That's what real love amounts to - letting a person be
what he really is. Most people love you for who you
pretend to be. We're locked in an image, an act - and
the sad thing is, people get so used to their image,
they grow attached to their masks.

한 사람이 정말로 있는 그대로의 모습이 되도록 해주는 것, 그것이 진짜
사랑이 도달하는 지점이다. 대부분의 사람들은 당신이 꾸며낸 모습 때문에 당신을 사랑한다.
우리는 하나의 이미지, 하나의 행동에 갇혀 있다. 그리고 슬픈 점은
사람들이 자신의 이미지에 너무 익숙해져서 자신의 가면에 애착을 가지게 된다는 것이다.

당신을 다르게 혹은 이상하게 만드는 것, 그것이 당신의 강점이다

What makes you different or weird, that's your strength.

_메릴 스트립(Meryl Streep, 1949~　)
〈맘마미아〉〈악마는 프라다를 입는다〉를 대표작으로 가진 할리우드 최고의 배우

For young men, and women, too, what makes you
different or weird, that's your strength.
Everyone tries to look a cookie-cutter kind of way,
and actually the people who look different
are the ones who get picked up.
I used to hate my nose. Now, I don't.

젊은 남성들, 그리고 여성들도 마찬가지로, 당신을 다르게 혹은 이상하게 만드는 것,
그것이 당신의 강점이다. 모두가 빵틀로 찍어낸 것처럼 똑같아 보이려고 애쓰지만
실제로는 달라 보이는 사람들이 선택의 대상이 된다.
나는 전에는 내 코가 싫었지만, 이제는 싫어하지 않는다.

나는 먼지가 되느니 재가 되겠다!

I would rather be ashes than dust!

_잭 런던(Jack London, 1876~1916)

미국 문학 사상 가장 대중적인 작가로 손꼽히는 작가 겸 사회평론가

I would rather be ashes than dust! I would rather
that my spark should burn out in a brilliant blaze
than it should be stifled by dry-rot. I would rather
be a superb meteor, every atom of me in magnificent
glow, than a sleepy and permanent planet.
The function of man is to live, not to exist.
I shall not waste my days trying to prolong them.
I shall use my time.

나는 먼지가 되느니 재가 되겠다! 나는 타락에 숨이 막히느니 찬란한 화염 속에서 내 불꽃을
다 태우겠다. 나는 활기 없고 영구한 행성이 되느니 나를 이루는 모든 원자가 장엄하게
타오르는 걸출한 별똥별이 되겠다. 인간의 역할은 존재하는 것이 아니라 사는 것이다.
내 하루하루를 연장하느라 낭비하지 않겠다. 나는 내 시간을 사용할 것이다.

87

사랑에 용감함을 더하면 행복이 된다

Love plus bravery
equals happiness.

_멜로디 홉슨(Melody Hobson, 1969~   )
영화감독 조지 루카스의 배우자, 투자회사 아리엘 인베스트먼츠의 최고경영자

Love plus bravery equals happiness. It took me a long
time to be as brave in my personal life as I was in
my professional life, and that's because to be brave
in love means opening yourself up to the possibility of
heartbreak. Then I met George. I always trust my
mind when it told me to leap, so did my heart.

사랑에 용감함을 더하면 행복이 된다. 내 직업 생활에서만큼 내 사생활에서
용감해지는 데 오랜 시간이 걸렸다. 사랑에서 용감해지는 것은 상심하게 될 가능성에
자신을 열어 보이는 것을 의미하기 때문이다. 나는 조지를 만났다.
나는 언제나 내 정신을 믿기 때문에, 정신이 그렇게 뛰라고 했을 때 내 심장도 뛰었다.

모험 앞에서 위축되지 마라

Don't shrink from risk.

_팀 쿡(Tim Cook, 1960~)
애플의 최고경영자

Don't shrink from risk. And tune out those critics and
cynics. History rarely yields to one person, but think,
and never forget, what happens when it does.
That can be you. That should be you. That must be you.

모험 앞에서 위축되지 마라. 그리고 비평가들과 냉소자들을 무시하라.
역사가 한 사람에게 굴복하는 일은 거의 없다.
하지만 역사가 한 사람에게 굴복할 경우 어떤 일이 일어나는지 생각하고 결코 잊지 마라.
그 한 사람이 당신일 수 있다. 그 한 사람이 당신이어야 한다. 그 한 사람이 당신임에 틀림없다.

당신에게 무슨 일이 일어났나요?

What happened to you?

_엘레노어 롱든(Eleanor Longden, 1983~)
'내 머릿속의 목소리'라는 제목으로 조현병에 대한 테드 강연을 한 작가

The relevant question in psychiatry
shouldn't be what's wrong with you,
but what happened to you?

정신의학에서 제대로 된 질문은 '당신은 뭐가 문제예요?'가 아니라,
'당신에게 무슨 일이 일어났나요?'이어야 한다.

제대로 산다면 한 번으로 충분하다

If you do it right,
once is enough.

_메이 웨스트(Mae West, 1893~1980)
미국의 영화배우이자 작가, 페미니스트, 동성연애에 대한 인권운동을 처음 시작한 배우

_____

You only live once,
but if you do it right, once is enough.

우리는 한 번밖에 살지 못한다.
하지만 제대로 산다면 한 번으로 충분하다.

실패로부터 배우느냐,
즉 굴하지 않고 버티기를 택하느냐

Whether you learn from it;
whether you choose to persevere.

_버락 오바마(Barack Obama, 1961~)
2009년부터 2017년까지 8년간 미국을 이끈 45대 대통령

The real test is not whether you avoid this failure,
because you won't. It's whether you let it harden
or shame you into inaction, or whether you learn from it;
whether you choose to persevere.

진짜 시험은 실패를 피하느냐 아니냐가 아니다. 피할 수 없기 때문이다.
시험은 그 실패로 인해 굳어지거나 창피해서 아무것도 하지 않게 되느냐,
혹은 실패로부터 배우느냐, 즉 굴하지 않고 버티기를 택하느냐이다.

죽음은 불가피하다

Death is inevitable.

_로렌 스카파리아(Lorene Scafaria, 1978~   )
〈허슬러〉 등을 감독한 미국의 영화감독 겸 배우

Death is inevitable.
I think it's a part of our lives so that we appreciate life.
There's a reason we're not all vampires.
Sometimes it's sudden, and then sometimes you're 95.
To me, love is the happy ending.

죽음은 불가피하다. 나는 죽음은 우리가 삶을 누리도록 만드는 삶의 일부라 생각한다.
우리 모두가 전부 뱀파이어가 아닌 데는 이유가 있다.
때로 죽음은 갑작스럽고, 때로는 95세에 찾아오기도 한다.
내게 사랑은 그때의 해피엔딩이다.

완벽한 세계는 한 사람 혹은
백만 명의 전문가라도 설계할 수 없다

A perfect world really can't be designed by one person or even by a million experts.

_제이 실버(Jay Silver, 1979~   )
미국의 장난감 발명가, 메이키 메이키(MaKey MaKey)의 최고경영자

My idea of a perfect world really can't be designed by
one person or even by a million experts.
It's going to be 7 billion pairs of hands,
each following their own passions.

내가 생각하는 완벽한 세계는 한 사람 혹은 백만 명의 전문가라도 설계할 수 없다.
완벽한 세계는 70억 쌍의 손이 각각 자신의 열정을 따르는 데 있다.

우리가 발견한 것은
현실이 꼭 우리를 빚는 것이 아니라는 점이다

What we're finding is it's not necessarily the reality that shapes us.

_숀 어쿼(Shawn Achor, 1978~   )
미국의 작가이자 긍정심리학자

What we're finding is it's not necessarily the reality
that shapes us, but the lens through which your brain
views the world that shapes your reality. And if we can
change the lens, not only can we change your happiness,
we can change every single educational and business
outcome at the same time.

우리가 발견한 것은 현실이 꼭 우리를 빚는 것이 아니라는 점이다. 그보다는 우리의 뇌가,
세계를 바라보는 렌즈가 우리의 현실을 빚는다. 그리고 이 렌즈를 바꾼다면
우리는 행복을 바꿀 수 있을 뿐 아니라 동시에 모든 교육과 사업의 결과물을 하나하나 바꿀 수 있다.

· DAY ·

95

독서는 우리가 함께 공유할 수 있는
고요한 우주를 선사한다

It gives us a quiet universe
that we can share together.

_미셸 쿠오(Michelle Kuo, 1984~   )
하버드대 출신의 변호사이자 독서가 가진 치유의 힘을 믿는 강연자

How do we diminish the distance between us?
Reading is one way to close that distance.
It gives us a quiet universe that we can share together
that we can share in equally.

우리 사이의 거리를 어떻게 줄일 수 있을까? 독서는 그 거리를 좁히는 한 가지 방법이다.
독서는 우리에게 함께 공유할 수 있고,
동등하게 공유할 수 있는 고요한 우주를 선사한다.

우리는 지금보다 더 단단하게
서로 묶여 있던 적이 없습니다

Our people have never been
more tightly tethered.

_아만다 고먼(Amanda Gorman, 1998~   )
조 바이든 대통령 취임식에서 축시를 낭송한 시인, 인종과 젠더 평등을 외치는 운동가

While we might feel small, separate, and all alone,
our people have never been more tightly tethered.
The question's not if we will weather this unknown,
but how we will weather the unknown together.

우리는 작고, 분리되어 있고, 모두 혼자라고 느낄 수 있다. 하지만 우리는 지금보다 더
단단하게 서로 묶여 있던 적이 없다. 문제는 우리가 이 미지의 상황을 견뎌나갈지 여부가 아니다.
문제는 우리가 함께 이 미지의 상황을 견뎌내느냐이다.

★

당신은 판단 대상이 아니다

You are not being judged.

_세스 고딘(Seth Godin, 1960~　)
미국의 작가이자 기업인, 세계에서 가장 영향력 있는 마케팅 구루

You are not being judged. The value of what you are
bringing to the audience is being judged.

당신은 판단 대상이 아니다.
당신이 청중에게 선사하는 것이 판단의 대상이다.

연설은 법에 따라,
그리고 헌법에 따라 자유로울지 모르지만…

While, legally and constitutionally, speech may be free...

_아룬다티 로이(Arundhati Roy, 1961~   )
《작은 것들의 신》으로 유명한 인도의 소설가 겸 수필가, 신자유주의 반대운동가

While, legally and constitutionally, speech may be
free, the space in which that freedom can be exercised
has been snatched from us and auctioned
to the highest bidders.

연설은 법에 따라, 그리고 헌법에 따라 자유로울지 모르지만,
그 자유를 행사할 수 있는 공간은 우리에게 박탈되어서
가장 높은 가격을 부르는 자들에게 경매로 넘겨져 왔다.

두려움을 두려워하지 마라

Don't be afraid of fear.

_에드 헬름스(Ed Helms, 1974~   )
미국의 배우 겸 코미디언

Don't be afraid of fear. Because it sharpens you,
it challenges you, it makes you stronger; and when
you run away from fear, you also run away
from the opportunity to be your best possible self.

두려움을 두려워하지 마라. 두려움은 당신을 다듬기 때문이다.
두려움은 당신에게 도전을 하며, 두려움은 당신을 강하게 만든다.
두려움에서 도망치면 최고의 자신의 될 수 있는 가능성에서도 도망치게 된다.

스토리는 우리 정신의 벽에
구멍을 뚫을 수 있다

Stories can punch holes
in our mental walls.

_엘리프 샤팍(Elif Shafak, 1971~)
영어와 터키어로 글을 쓰는 터키의 소설가이자 여성 인권 운동가

Stories cannot demolish frontiers, but they can punch
holes in our mental walls. And through those holes,
we can get a glimpse of the other,
and sometimes even like what we see.

스토리는 전선을 허물 수 없다. 하지만 우리 정신의 벽에 구멍을 뚫을 수는 있다.
그리고 이러한 구멍을 통해서 우리는 다른 이들을 얼핏 볼 수 있다.
그리고 때로는 그렇게 해서 우리가 보는 것들을 좋아하기도 한다.

내 인생의 문장
필사 리스트

Tick(✔) as you proceed.

○	DAY 01	*We all want to be in love.*
○	DAY 02	*I can, I will, and I am.*
○	DAY 03	*If you enter this world knowing you are loved*
○	DAY 04	*If you believe in what you're saying*
○	DAY 05	*If you can't handle me at my worst, you don't deserve me at my best.*
○	DAY 06	*Only love*
○	DAY 07	*Without pain, there would be no suffering.*
○	DAY 08	*Do stuff, be clenched.*
○	DAY 09	*To be brave is to love someone unconditionally, without expecting anything in return.*
○	DAY 10	*Explore. Dream. Discover.*

◯	DAY 11	*Love is friendship that has caught fire.*
◯	DAY 12	*A squad is like a good meal.*
◯	DAY 13	*Fashion is in the sky, in the street.*
◯	DAY 14	*If you don't know where you've come from, you don't know where you're going.*
◯	DAY 15	*Always aim high, work hard.*
◯	DAY 16	*The truth is, life is being lived there.*
◯	DAY 17	*It is impossible to live without failing.*
◯	DAY 18	*Technology can help us all make a positive difference.*
◯	DAY 19	*You push through those moments, that's when you have a breakthrough.*
◯	DAY 20	*Adult life is dealing with an enormous amount of questions that don't have answers.*
◯	DAY 21	*Guarding your heart and protecting your dignity are...*
◯	DAY 22	*The secret to being forever young*
◯	DAY 23	*When people are ready to, they change.*
◯	DAY 24	*To undertake a journey on a road never before traveled requires character and courage.*
◯	DAY 25	*People will forget what you said, people will forget...*
◯	DAY 26	*Don't be disabled in spirit as well as physically.*
◯	DAY 27	*The greatness of a man is not in how much wealth he acquires.*
◯	DAY 28	*Being honest may not get you a lot of friends...*

○	DAY 29	Most people can't go 10 minutes without lying.
○	DAY 30	Hope is something that you create, with your actions.
○	DAY 31	Don't make your living in this more elevated way.
○	DAY 32	I don't have a place where I belong and that means I belong everywhere.
○	DAY 33	As far as you can, as much as you can.
○	DAY 34	A woman does the same thing–the same thing, mind you–and she's an outcast.
○	DAY 35	The most useless question an adult can ask a child...
○	DAY 36	We are not immune to the viruses of hate, of fear, of other.
○	DAY 37	Fight for the things that you care about.
○	DAY 38	Just imagine tomorrow. This is going to be over.
○	DAY 39	Heart is what drives us and determines our fate.
○	DAY 40	You need people who can tell you what you don't want to hear.
○	DAY 41	Sometimes you've got to let everything go.
○	DAY 42	If a human disagrees with you, let him live.
○	DAY 43	The individual is ephemeral, but man remains.
○	DAY 44	When you become a leader, success is all about growing others.
○	DAY 45	Cleverness is a gift, kindness is a choice.
○	DAY 46	Talent is like a sports team.
○	DAY 47	We can become better human...

○	DAY 48	*The poverty of being unwanted, unloved and uncared for is the greatest poverty.*
○	DAY 49	*Human relationships are rich and they're messy and they're demanding.*
○	DAY 50	*Once you realize that you have identified a passion, invest in yourself.*
○	DAY 51	*If I go down, I'm going down swinging.*
○	DAY 52	*If they can learn to hate, they can be taught to love.*
○	DAY 53	*To be vulnerable, to let ourselves be seen, to be honest.*
○	DAY 54	*Leading means that others willingly follow you.*
○	DAY 55	*There's far more pain involved in rolling over.*
○	DAY 56	*When you lose small businesses, you lose big ideas.*
○	DAY 57	*They need to believe that they have the skills they require to be successful.*
○	DAY 58	*Having a great fear of being alone, and having a desperate need for solitude and the solitary experience*
○	DAY 59	*We don't even know how strong we are until we are forced to bring that hidden strength forward.*
○	DAY 60	*God gave you a brain. Do the best you can with it.*
○	DAY 61	*We speak, we write, we do language.*
○	DAY 62	*We stigmatize mistakes.*
○	DAY 63	*Why not the same to become a better human being?*
○	DAY 64	*The best way to predict the future is to design it.*

○	DAY 65	*Coming true is not the only purpose of a dream.*
○	DAY 66	*It is not happiness that makes you grateful; it is gratefulness that makes you happy.*
○	DAY 67	*The difference between people who succeed and people who fail, I think in many cases, it's not fear.*
○	DAY 68	*When a person with experience meets a person with money...*
○	DAY 69	*If you set your goals ridiculously high and it's a failure...*
○	DAY 70	*The best and most beautiful things in the world cannot be seen or even touched.*
○	DAY 71	*What I've discovered is that in art, as in music, there's a lot of truth.*
○	DAY 72	*Death is very likely the single best invention of life.*
○	DAY 73	*I am somebody. I am powerful, and I am strong.*
○	DAY 74	*Try again. And then try again.*
○	DAY 75	*You must start sooner, and carry on longer.*
○	DAY 76	*What do people want to tell about themselves?*
○	DAY 77	*Accept no one's definition of your life; define yourself.*
○	DAY 78	*The reason people find it so hard to be happy is...*
○	DAY 79	*Remember dreams without goals are just dreams.*
○	DAY 80	*At some point, to act up – be misbehaved.*
○	DAY 81	*Failure is just life trying to move us in another direction.*
○	DAY 82	*If you truly pour your heart into what you believe in – even if it makes you vulnerable...*

○	**DAY 83**	*In life, there are no shortcuts to joy.*
○	**DAY 84**	*That's what real love amounts to – letting a person be what he really is.*
○	**DAY 85**	*What makes you different or weird, that's your strength.*
○	**DAY 86**	*I would rather be ashes than dust!*
○	**DAY 87**	*Love plus bravery equals happiness.*
○	**DAY 88**	*Don't shrink from risk.*
○	**DAY 89**	*What happened to you?*
○	**DAY 90**	*If you do it right, once is enough.*
○	**DAY 91**	*Whether you learn from it; whether you choose to persevere.*
○	**DAY 92**	*Death is inevitable.*
○	**DAY 93**	*A perfect world really can't be designed by one person or even by a million experts.*
○	**DAY 94**	*What we're finding is it's not necessarily the reality that shapes us.*
○	**DAY 95**	*It gives us a quiet universe that we can share together.*
○	**DAY 96**	*Our people have never been more tightly tethered.*
○	**DAY 97**	*You are not being judged.*
○	**DAY 98**	*While, legally and constitutionally, speech may be free...*
○	**DAY 99**	*Don't be afraid of fear.*
○	**DAY 100**	*Stories can punch holes in our mental walls.*

하루 10분
영어 필사
인생의 한 줄

초판 1쇄 발행일 2022년 1월 15일
초판 5쇄 발행일 2024년 3월 12일

지은이   조이스 박
펴낸이   유성권

편집장   윤경선
편집   김효선 조아윤
해외저작권 정지현   홍보   윤소담 박채원   디자인   박정실
마케팅   김선우 강성 최성환 박혜민 심예찬 김현지
제작   장재균   물류   김성훈 강동훈

펴낸곳   ㈜이퍼블릭
출판등록   1970년 7월 28일, 제1-170호
주소   서울시 양천구 목동서로 211 범문빌딩 (07995)
대표전화   02-2653-5131 | 팩스 02-2653-2455
메일   loginbook@epublic.co.kr
포스트   post.naver.com/epubliclogin
홈페이지   www.loginbook.com

로그인은 (주)이퍼블릭의 어학·자녀교육·실용 브랜드입니다.